Raccontini

Volume 3

Easy Italian Reader

Alfonso Borello

Volo 4590

Alfonso Borello

Benvenuti a Bordo

"Benvenuti a bordo! Questo è il comandante che vi parla; abbiamo un piccolo contrattempo, un pezzo deve essere sostituito, i meccanici sono al lavoro ed in meno di un'ora saremo pronti per il decollo, salvo imprevisti. Vi prego di rilassarvi con un rinfresco e vi comunicherò al più presto quando possiamo partire, grazie."

Il comandante Christian è uno dei migliori piloti dell'Air France; ha cinquantaquattro anni ed è piuttosto famoso in Francia; è un uomo di talento: qualche anno fa è stato il primo ad attraversare il canale della Manica tra la Francia e l'Inghilterra con un windsurf. I passeggeri sono in ottime mani, secondo le statistiche.

È il 25 luglio dell'anno 2000 (duemila) ed il cielo è sereno e rimarrà così, secondo le previsioni del tempo, davvero una bella giornata per un decollo senza problemi. Il tempo non è molto importante per questo aereo, forse solo in fase di decollo e d'atterraggio; il velivolo raggiunge una quota di oltre cinquantamila piedi, laggiù in alto non c'è maltempo, non ci sono temporali, l'aria è fina, c'è il sole, il tempo è sempre bello. La cabina è molto stretta, la fusoliera è lunga e stretta, le ali sono tipo delta, l'aereo viaggia ad una velocità di oltre 2000 (duemila) chilometri orari, due volte la velocità del suono; il viaggio da Parigi a Nuova York dura poco più di tre ore e mezza. È un aereo fantastico, bello ed elegante, come lo ha definito un pilota in congedo che ha volato per la British Airways. per quindici anni: "Il lavoro più duro del pilota è di tenere l'areo dritto al centro della pista, quando metti i motori al massimo è entusiasmante, l'accelerazione ti spinge con forza la schiena contro il sedile e quando decolla sembra che l'aereo voglia schizzare via nel cielo. È un aereo molto sicuro perché in ventisette anni di servizio e con più di novecentomila ore di volo non ha mai avuto un incidente, se non per qualche pneumatico a brandelli."

La compagnia aerea Air France e la British Airways sono le uniche ad avere il concorde nella flotta; non è un caso che il consorzio costruttore è Anglo-Francese.

I passeggeri oggi pagano più di diecimila dollari a testa per questo viaggio diretto da Parigi a Nuova York. L'aereo non può trasportare più di cento persone, più nove membri d'equipaggio, perché è strettissimo e consuma parecchio carburante, quindi il biglietto è caro e non è accessibile a tutti.

Un passeggero ha appena compiuto sessantacinque anni, è appena andato in pensione e viaggia con la sua compagnia per festeggiare l'evento; ha lavorato duro per molti anni e si merita una vacanza insolita. Il figlio lo accompagna all'aeroporto di Charles De Gaulle; durante il check-in, scambiano quattro chiacchere, si salutano con un abbraccio ed in infine figlio a padre si lasciano con la frase mitica: buon viaggio.

Nella torre di controllo c'è una persona che non doveva esserci, perché il suo turno era nella mattinata, ma ha fatto cambio con il collega, quindi lavorerà nel pomeriggio con una grande responsabilità: avrà il compito speciale di dirigere l'aereo supersonico durante la fase di decollo e mandarlo in rotta per Nuova York dalla pista ventisei (26) senza complicazioni.

"Il comandante Christian è sempre puntiglioso per le questioni meccaniche, se qualcosa non gli piace, chiama i meccanici e da immediatamente istruzioni per evitare problemi; per lui la prudenza non è mai troppa, è del tutto normale." Dirà il controllore di volo durante un'intervista.

"Signore e signori è ancora il comandante che vi parla: il guasto tecnico è stato risolto, il pezzo è stato cambiato, abbiamo completato la lista di controllo e siamo pronti per la partenza, aspettiamo il nulla osta dalla torre di controllo, buon viaggio. Personale di bordo, prepararsi per il decollo."

Le fasi più critiche per un aereo sono il decollo e l'atterraggio; durante queste il pilota ed il primo ufficiale, semplicemente copilota, hanno il compito di mantenere il controllo completo dell'aereo senza il pilota automatico. La velocità e l'altitudine vanno monitorate e devono rimanere costanti per non mandare il velivolo in stallo.

Quando l'aereo decolla è lento e pesante poiché è pieno di carburante, questa fase è delicata e per un aereo così veloce, se qualcosa va storto, ci vogliono almeno duemila metri di pista per abortire il decollo. Quando il muso si alza, non c'è tempo per cambiare idea, bisogna alzarsi da terra, si deve decollare.

"Concorde Air France volo 4590, assettate l'altimetro a tre zero punto nove cinque (30.95), la pista attiva è la ventisei (26), your're cleared to taxi, dirigetevi in prossimità della pista di decollo via Charlie 5 e fermatevi all'incrocio con Delta 1 fino a nuove istruzioni, dopo il decollo a quota due cinque zero (250) contattate la frequenza uno due sette punto tre zero (127.30)." Recita il controllore di volo.

"Taxi via Charlie 5 e ci fermiamo all'incrocio con Delta 1." Ripete il copilota.

Siamo Pronti al Decollo

"Air France 4950 seguite il Boeing 737, siete il numero due per il decollo, attendete nuove istruzioni." Ordina il controllore di volo.

"Seguiamo il 737 ed attendiamo nuove istruzioni." Recita il comandante del Concorde.

"Taxi into position and hold, mettetevi in posizione ed aspettate." Ordina il controllore.

"Siamo pronti al decollo." Risponde il copilota.

"Volo 4590, you're clear for takeoff, decollate!" Dice il controllore.

"Motori al massimo." Recita il comandante. Il copilota fissa il pannello degli strumenti, i quattro indicatori dei motori si muovono come se fossero sincronizzati e le lancette sono sul verde, l'aereo comincia a rullare, il comandante con i pedali fa degli aggiustamenti per mantenere l'aereo sulla linea di centro, la velocità minima da raggiungere per il decollo è di 250 nodi. "Airspeed alive, in velocità." Annuncia il comandante.

Come al solito, molti passeggeri guardano fuori dal finestrino, i finestrini, o meglio gli oblò; sono piccoli, sembra quasi siano stati messi per bellezza, ornamentali, per dare un tocco finale all'ambiente. Alcuni, respirarono profondamente perché la velocità elevata si fa sentire sulla schiena, ad alcuni fa addirittura venire la nausea, mentre altri, non dicono niente; sembra tutto normale, un decollo come un altro, forse un po' più entusiasmante.

Siamo a 250 nodi, annuncia il copilota al comandante, concentrato al massimo, tira la cloche per alzare il muso dell'aereo. L'aereo si alza.

I controllori ammirano il rullaggio del Concorde sulla pista durante il decollo, non importa quanti decolli vedono, questo aereo è speciale ed è sempre entusiasmante da vedere. Uno beve da un bicchiere di plastica, un altro ha le braccia conserte ed ha lo sguardo fisso alla pista di decollo; improvvisamente i controllori si guardano in faccia, uno rompe il silenzio: "Guarda laggiù! Cosa sta succedendo?"

Il controllore addetto al decollo del Concorde si aggiusta la cuffia, da un'altra occhiata e comunica: "4590 andate a fuoco." Il tono di voce non sembra affrettato come si aspetterebbe, date le circostanze, ma è deciso. Il messaggio è cortissimo.

Il comandante è lontano dalle fiamme e purtroppo non può vedere niente. Alza il muso dell'aereo, ma si accorge che c'è qualcosa di strano, uno dei motori sta perdendo potenza; fa fatica ad alzare il velivolo da terra, la lancetta del contagiri del motore di sinistra trema per un instante poi si muove precipitosamente in senso antiorario; sul lato opposto, non è affatto un buon segno; bisogna fermare l'aereo, ma rimangono solo duemila metri di pista e non si può frenare, perché ci vorrebbero almeno tremila metri. Come per addestramento durante il corso di pilota, se c'è ancora pista, usi i freni ed aborti il decollo, se non c'è più pista, decolli ed atterri dritto di fronte a te.

"Raggiungete quota duemila piedi." Ordina il controllore, questa volta il tono è ancora più deciso. Sa' che non è cosa facile, tuttavia dà le istruzioni secondo la prassi.

Il pilota Christian fa fatica a tenere l'aereo stabile, uno dei motori si sinistra è in fiamme. L'estintore non riesce ad estinguere il fuoco e l'altro motore di fianco prende anch'esso fuoco; a questo punto rimangono in uso solo i due motori di destra. Durante l'addestramento c'è la simulazione del motore fuori uso: poiché la manualistica è in Inglese, si dice: dead foot dead engine, che significa che devi controbilanciare l'aereo con il motore attivo spingendo il pedale in giù per evitare che l'aereo si capovolga per effetto d'inerzia.

Secondo dei testimoni a terra, le fiamme erano enorme, l'aereo sembrava un lanciafiamme; un testimone che guidava un furgone con il finestrino aperto spiegherà che il calore era così intenso che la camicia che indossava si bruciò.

Forse il pilota si è accorto delle fiamme e sta cercando di virare per ritornare all'aeroporto tentando un atterraggio di fortuna.

La velocità si riduce, il capitano ordina al copilota di tirare su il carrello. Preoccupato, il copilota muove l'interruttore, ma le tre luci verdi rimangono accese. Il carrello non sale, è fuori uso. Con il carrello in fase di atterraggio, il problema diventa più grande, poiché la velocità va ancora più giù, c'è troppo attrito con l'aria. Nel frattempo l'ala di sinistra si sta fondendo, si sta deformando e le ali sono lì per un motivo; a questo punto il Concorde è ingovernabile, ma Christian cerca di tenerlo dritto in volo. Secondo i testimoni a terra, barcolla, vuole proprio girarsi su sé stesso e capovolgersi. Una signora che guidava la sua automobile sulla stessa traiettoria con l'autostrada, dirà: "C'è lo aveva proprio in testa, o santo Dio, sembra che cade sull'area di servizio dove mia figlia mi sta aspettando."

Il controllore cerca di comunicare con il 4590, ma non risponde; l'aereo è ancora sul radar ma è a solo settecento piedi da terra, una quota bassissima, è troppo vicino al suolo; la velocità non aumenta ed il problema si fa grosso.

"4590 portatevi a duemila piedi!" Il controllore ripete nervosissimo.

Questa è una di quelle situazioni dove il controllore sembra che parli da solo. Ma non si dà per vinto e si ripete per l'ennesima volta.

Niente, è silenzio assoluto, troppo difficile da digerire.

La Paura di Morire

Il capitano cerca di guadagnare quota, non si sa bene se si accorge che le fiamme si sono diffuse. Il Concorde continua a barcollare, il muso si alza, la coda si abbassa, si gira sulla sinistra e perde quota, ora è a seicento piedi dal suolo. Il controllore aspetta, ogni secondo sembra un'eternità.

È difficile pensare lo stato d'animo dei passeggeri, quanto meno quello del personale di bordo. Pochi anni prima, in un incidente dove un aereo si schiantò al suolo ed un'assistente di volo fu una dei superstiti, durante un'intervista disse: "Era in un estremo stato di ansia e la prima cosa che ricordo fu che in quel momento volevo essere da un'altra parte. Fu un miracolo e scampai alla morte, ma la vidi di fronte a me. Ancora oggi mi rendo conto di quanto sono fortunata.

La paura di morire è una cosa che non si può descrivere; di morire? Perché proprio io, perché proprio adesso? Improvvisamente ti senti piccolo piccolo, incapace persino di renderti conto di cosa stia succedendo. Ciò che mi angoscia ancora di più è che non puoi fare niente, non hai il controllo di niente, è come tirare una moneta, vinci o perdi. Sei succube del destino. Stavo quasi per rinviare il viaggio, se l'avessi fatto. non mi sarei trovato qui in questo momento. Non sono affatto religioso, ma adesso, proprio adesso, mi sento di dire qualcosa, di pregare, perché forse non ho mai pregato abbastanza. Forse non è il caso, sarebbe troppo facile e meschino, mi sembra del tutto inutile, è del tutto inutile. Ho sempre cercato di essere una persona felice, onesta, pagare i debiti, aiutare il prossimo, difendere il debole; non mi piace la gente meschina, non mi piace fare del male, ma non so, in questo momento pensi a tante cose e devi pensare in fretta, il cervello mi sta andando in palla; forse ho fatto cose che non dovevo fare, forse adesso è ora di pagare il prezzo per tutto ciò che non dovevo fare; è il minuto della confessione. Hai la sensazione che non tornerai mai più dove vorresti ed hai paura di chiederti se avresti potuto fare meglio nella vita; è per lo più un dialogo con te stesso, perché la paura è una brutta bestia.

Ho un grande mal di testa, non ho fatto niente di male, non voglio morire; non così. Nessuno mi sta ascoltando, sto parlando con il muro. Mi dispiace, sto dicendo un sacco di stupidaggini. Qui, oggi, non muore nessuno.

Quanto stupido possa sembrare, si pensano tante cose; è umano; perché il destino all'improvviso può essere così meschino? Vivere non è poi facile; viaggi per milioni di chilometri; ci sono incroci; divieti di inversione a U; devi decidere; a volte non puoi nemmeno andar dritto, devi girare a destra, a sinistra, o addirittura a manca, un modo di dire del tutto Italiano, giusto per dire che devi girare e se ti perdi sono affari tuoi. La scuola non ci insegna come vivere la vita alla massima espressione; se ci pensi, ci insegna pochissime cose che, in realtà, le puoi imparare da solo. È utile se vuoi diventare dottore, ingegnere o avvocato; ma non ti dà la mappa del tesoro, della verità; alla fine, questo è il tuo pezzo di carta, la giungla è là fuori, è tutta tua. Ora vado in vacanza, sono sull'aereo di linea supersonico, il velivolo da sogno, il più veloce del mondo. La barca aspetta, da Nuova York prenderemo la nave per una crociera ai Caraibi; forse, dimmi che forse ho preso il biglietto proprio nel giorno sbagliato; ed il Concorde sta andando giù.

Chissà cosa sta pensando il capitano in questo momento, sta anche lui pregando? Si rende conto che siamo tutti nelle sue mani?

No, lui non ha tempo di pregare e non c'è scritto nemmeno nel manuale.

Sessantanove Secondi

Sono quasi le cinque, il capitano tenta il miracolo, il suo aereo sta andando giù, in fiamme; sorvola un edificio d'uffici; un signore spiegherà dopo che dalla finestra vide il velivolo con la coda di fuoco; si tolse gli occhiali per vederci chiaro, sì, il Concorde era proprio in fiamme e sembra volesse capovolgersi. "Non era affatto un bello spettacolo. Mi vennero i brividi." Disse l'impiegato. "Ero solo a pochi metri dalla mia finestra ed ero al telefono; il mio ufficio è ad un centinaio di metri da un motel, sembrava proprio diretto lì.

Alle sedici e quarantanove minuti, secondo i testimoni, l'ala sinistra si disintegra. L'aereo s'impenna, vira a sinistra e poi si capovolge. La radio chiama il volo 4590, è solo a pochi metri dal suolo, sul tetto del motel; il capitano non risponde, il copilota non dice niente, l'aereo non è più sul radar. Questo è momento più temuto dalla torre di controllo Il controllore chiama i veicoli di soccorso. Il controllore afferra il microfono ancora una volta: "Volo 4590 mi sentite?"

Non c'è più niente da fare, sono tutti morti. Il motel dove il Concorde è precipitato è raso al suolo dal impatto e dall'incendio; due membri del personale di turno muoiono per ustioni, una giovane aveva iniziato solo il giorno prima per mettere qualcosa da parte per le vacanze; un'altra donna fa la cameriera da qualche anno e lascia due bambini. Secondo i dati di bordo della scatola nera, il calvario è durato circa sessantanove secondi dal decollo. A pochi minuti dallo schianto al suolo, un'Americana che soggiornava nel motel cerca di uscire dall'edificio ma le fiamme sono dappertutto; un lavoratore la chiama dal giardino, va subito alla finestra: "Deve saltare! Adesso!" Strilla l'uomo e l'aiuta a saltare giù.

La signora sulla auto che ha visto il Concorde in fiamme, arriva alla stazione di servizio; miracolosamente è intatta e sua figlia è ancora lì che aspetta. Mentre corre dalla figlia, vede un braccio cadere dal cielo; rabbrividisce e si mette le mani nei capelli dall'orrore. Il comandante dei vigili del fuoco ammette che durante il viaggio sul veicolo in sirena, a forza di pensare a cosa fare per coordinare il personale, la mente gli va in palla; troppe cose da pensare in così poco tempo ed in un momento così tragico.

Alle 17:07 (diciassette e zero sette) i soccorritori iniziano ad estrarre i corpi delle vittime; tra i rottami il re dei cieli è irriconoscibile; il motel è raso al suolo. I corpi dei passeggeri sono a pezzi e saranno difficili da identificare; il figlio del pensionato il quale viaggiava con la sua compagna disse che il riconoscimento delle salme fu un momento molto difficile e dovette aspettare circa due settimane; l'attesa fu un'angoscia.

Il governo Francese manda gli investigatori sul posto perché dovranno dirigere le indagini e ricostruire la catena di eventi che ha causato l'incidente. Dovranno scoprire se si è trattato di un guasto meccanico o di un errore dei piloti. Ci sono un sacco di rottami al suolo e molti non appartengono al Concorde; non si esclude un attentato terroristico, ma quando le indagini fanno il loro corso si scopre che tra i rottami ci sono i resti delle quaranta camere del motel, ma ci sono valigie che non appartengono ai passeggeri e che non dovevano essere a bordo.

Quando le scatole nere, i registratori di bordo, vengono rinvenute, gli inquirenti ascoltano le registrazioni ma non ci sono esplosioni, quindi l'ipotesi di un attentato terroristico viene scartata e gli investigatori devono seguire un'altra pista per scoprire cosa è realmente accaduto al volo 4590. Ci vorranno quattro settimane per smistare i rottami e trasportarli in un capannone per i rilevamenti e nel frattempo le autorità Francesi bloccano tutti i Concorde della compagnia di bandiera Francese; è una precauzione fino a nuovo ordine.

Gli inquirenti ascoltano ripetutamente le registrazioni della scatola nera e scoprono dai dati che uno dei motori di sinistra perde potenza durante il decollo; secondo le regole, il capitano doveva abortire il decollo ma non è ancora chiaro perché non lo ha fatto. Per il decollo, l'aereo deve raggiungere una velocità di trecento (300) chilometri orari. I pneumatici devono sopportare una pressione elevatissima, soprattutto durante la fase di decollo e d'atterraggio, per la velocità ed il peso. Gli addetti al rinvenimento dei rottami fanno un rapporto preliminare e dichiarano che uno dei pneumatici si è tagliato per poi ridursi a brandelli. Negli ultimi ventisette (27) anni, ci sono stati più di cinquanta (50) casi dove le gomme si sono ridotte a brandelli: forature, tagli ed addirittura esplosioni. Anni prima avvenne un incidente in atterraggio dove un pneumatico esplose ed il cerchione fu severamente danneggiato; l'aereo uscì quasi fuori pista poiché il pilota fece fatica a tenerlo dritto. Dopo tale incidente furono installate spie di controllo per verificare guasti alle ruote ed i pneumatici furono formulati per sopportare il doppio del peso del carico normale. Sarà sufficiente?

Un Nuovo Indizio

Improvvisamente un nuovo indizio da una svolta alle indagini; viene rinvenuto un nastro di metallo di dubbie provenienze. Dopo rilievi su rilievi si scopre che non appartiene all'aereo e che ha tagliato uno dei pneumatici durante il decollo. Ma da dove viene questo oggetto misterioso?

Ancora indagini e si scopre che il pezzo di metallo appartiene ad un aereo della compagnia Americana Continental; l'ha perso durante il decollo nello stesso aeroporto. Il pezzo, fu montato durante la manutenzione sedici (16) giorni prima a Houston nello stato del Texas. Il Concorde ci è passato sopra ed ha tagliato il pneumatico. Questo è il primo evento della catena. A questo punto sembra che i resti della gomma finiscono nel motore e creano problemi; ma perché il motore è andato in fiamme? Ci sono ulteriori indagini da fare per capire la catena di eventi che hanno creato il disastro.

Sono passati due giorni dal disastro; finalmente i parenti possono recarsi sul luogo per portare i fiori ai loro cari; è un momento triste, è proprio in bianco e nero; ci vorrà un po' di tempo per sapere la verità, quindi per il momento non resta che aspettare e lasciare questo luogo lugubre dove c'è ancora odore di carne bruciata.

Passano alcune settimane, ci sono nuove notizie: secondo gli indizi, i frammenti dei pneumatici saltano con violenza e colpiscono il tappo del serbatoio che a sua volta si stacca ed il carburante esce per la pressione elevata; siamo al decollo ed i serbatoi sono pieni. Ma c'è ancora del lavoro da fare perché ciò non spiega ancora come i motori abbiano preso fuoco. Durante tali circostanze il compito del pilota è di estinguere le fiamme con l'estintore per bloccare il flusso del carburante. Probabilmente è stato fatto ma non è stato sufficiente perché la pressione era troppo forte e di tempo non c'è nera molto.

Secondo le ricostruzioni per simulazione ai computer, l'impresa per cercare di far volare il velivolo, anche solo per pochi minuti, è stata piuttosto eroica da parte dei piloti poiché il Concorde in tale condizioni era impossibile da controllare.

Passano ancora settimane, a volte per analizzare gli eventi di una catastrofe, bisogna ritornare indietro e ricominciare da capo; gli investigatori non hanno tregua perché sanno che devono dare disperatamente una risposta alle autorità e alle assicurazioni. Riascoltano le registrazioni della scatola nera per l'ennesima volte. Niente di nuovo; forse a furia di ascoltare, hanno addirittura memorizzato le comunicazioni dei piloti. Uno specialista ritorna ai computer per resettare i parametri e creare una nuova simulazione, questa volta più dettagliata. I quesiti sono tutte concentrati nella fase decollo, ancora una volta. Il nastro di metallo taglia la gomma, i frammenti schizzano e colpiscono il tappo del serbatoio; questi eventi sono già stati registrati. Secondo i dati, altri frammenti prendono un'altra traiettoria. Sembrano dirigersi sotto il carrello. Bisogna andare nel deposito e dare un'occhiata a ciò che resta del carrello. Un esaminatore fa il suo lavoro e giorni dopo manda il

suo rapporto. Secondo i rilievi i fili elettrici del sistema idraulico di movimento sono tagliati ed hanno delle macchie nere, con tutta probabilità sono stati colpiti da un oggetto ignoto. Il rapporto è corto ma molto dettagliato.

Gli inquirenti chiamano il consorzio che ha fabbricato l'aereo e richiedono i diagrammi dettagliati del sistema idraulico che fa alzare ed abbassare il carrello. Passano ancora settimane e finalmente, via corriere espresso arrivano i diagrammi. Lo specialista deve resettare ancora una volta i dati al computer per rettificare la simulazione. Registra il tutto e manda il video in un altro reparto; il responsabile delle verifiche convoca un altro specialista; l'uomo compila delle carte, le firma e le manda agli investigatori. Leggono le carte e guardano il video, fermano il video e leggono ancora le carte, poi danno un'occhiata al diagramma. È tutto chiaro: i frammenti della ruota vanno in direzione del carrello, colpiscono i fili elettrici che stranamente sono scoperti e senza protezione, ma sono fondamentali per il funzionamento del sistema elettrico ed idraulico. I fili si tagliano e rimangono penzolanti; ogni volta che si toccano, anche solo per un istante, il contatto provoca una scintilla. Il carburante non esita a dirigersi sulla scintilla. Il primo motore prende fuoco. Questo rapporto è finale; la concatenazione di eventi è completa.

Strage a Las Vegas

Las Vegas

EASY ITALIAN READER

Alfonso Borello

Prologo

Il 17 settembre 2017 un uomo sulla sessantina giunge all'albergo *The Ogden* e firma il registro degli ospiti alla ricezione. L'albergo è in centro città. L'uomo riserva una camera fino al vent'otto di settembre.

Nella stessa zona, il festival musicale *'Life is Beautiful'* si svolgerà all'aperto dal ventidue al ventiquattro di settembre 2017.

Lunedì 25 settembre

Ore 15:33: lo stesso uomo firma il registro d'arrivo all'albergo *Mandalay Bay.* La sua camera, numero 32-135 è prenotata fino al due 2 di ottobre; l'uomo ha con sé cinque 5 valigie.

Quattro 4 giorni dopo, lo stesso uomo prenota un'altra camera, questa nello stesso albergo *Mandalay Bay.* La camera è il numero 32-134, questa è collegata con una porta alla camera 32-134 ed è prenotata fino al due 2 di ottobre sotto un altro nome, il nome della sua ragazza. Con sé ha numerose valigie che trasporta con l'aiuto di un facchino. Consegna la propria auto, una *Chrysler Pacifica 2017* al parcheggiatore e chiede al facchino di fare uso dell'ascensore di servizio. Il facchino non batte ciglio, poiché' molti ospiti fanno spesso la stessa richiesta.

Alle 21:37 l'uomo lascia la camera d'albergo. Si reca a Mesquite, al suo domicilio, dove arriva alle ore 23:00.

26 settembre 2017

Alle 15:35 del ventisei 26 settembre l'uomo, Paddy, si reca negli uffici bancari della *Wells Fargo* ed invia cinquantamila 50k dollari in un conto bancario nelle Filippine, il conto è intestato ad una donna.

Alle 20:12 PADDY prende la macchina e si reca all'albergo *The Odgen* dove arriva alle vent'uno 21:00. Parcheggia l'auto e si reca ad un albergo poco distante chiamato *El Cortez*, lì gioca d'azzardo.

Alle 22:23 Paddy ritorna all'albergo *The Odgen*.

Pochi minuti dopo, alle 22:34 prende l'auto e parte per recarsi all'albergo *Mandaly Bay*. Alle 22:45 entra nel garage dell'albergo, consegna l'auto al parcheggiatore e chiede al facchino di portare il bagaglio in camera. Con sé ha sei valigie.

Alle 23:18 PADDY comincia la sua routine di gioco d'azzardo alle slot machines. Gioca tutta la notte fino all'alba.

27 settembre 2017

È l'alba e PADDY sta ancora giocando. Non è contento perché la sua camera non ha una buona vista. Parla con l'addetto ai VIP e spiega che vuole la camera denominata *Vista Suite* che è situata alla fine della hall con le doppie porte. PADDY è insistente, ma non è arrabbiato. L'idea è di essere nell'ala duecento 200 per una vista più gradevole.

Poco dopo le sette 7am PADDY smette di giocare.

Alle 15:56 PADDY chiede servizio in camera per un doppio pasto. Il totale è di 94 dollari.

Ore 16:32: PADDY è nella camera 32-135. Il personale di servizio pulisce la camera, ma PADDY rimane in camera e tiene d'occhio ai bagagli.

Alle 20:03 PADDY si dirige al parcheggio con due valigie. Prende la macchina e si dirige all'albergo *The Odgen*. Arriva in camera alle 20:31.

Alle 20:45 riparte, lascia l'albergo *The Odgen* e si dirige a Mesquite, alla sua residenza. Arriva alle dieci 10 di sera.

Verso le 23:00 PADDY si reca al grande magazzino *Walmart* di Mesquite per fare compere. Compra delle valigie, lamette, fiori finti, un vaso ed una palla di polistirolo.

28 settembre 2017

Alle 15:23 PADDY è ancora a Mesquite, dove si reca in un'armeria per comprare un fucile d'assalto calibro .308 tipo *Bolt*; pochi minuti dopo si reca in banca e fa un versamento di quattordicimila 14K dollari. Dopo la banca, si reca in un centro di tiro all'indirizzo *3200 Mesquite Heights Road* in una zona rurale.

Alle 20:42 PADDY lascia Mesquite e si reca a Las Vegas all'albergo *Mandalay Bay.* Consegna l'auto al parcheggiatore. Con sé ha due valigie a rotelle ed una borsa che contiene un computer portatile.

Alle 22:18 PADDY comincia a giocare d'azzardo e continua tutta la notte.

29 settembre 2017

Alle 5:43 dell'alba PADDY smette di giocare. Ha giocato tutta la notte.

Alle 12:28 PADDY pranza al ristorante *Mizuya Sushi Sakè* e alle 13:14 ritorna in camera.

Alle 14:00 in punto, il personale di servizio si presenta per pulire la camera, ma gli viene detto di cambiare solo le lenzuola e svuotare la pattumiera. PADDY tiene d'occhio le valigie ed usa il computer portatile. Quando il servizio di camera è completato, chiede al personale d'installare un secondo frigorifero.

Alle 15:06 PADDY firma il registro e prenota un'altra camera a nome della sua ragazza. La camera è la 32-134.

Esattamente alle 15:08 prende l'ascensore e sale al trentaduesimo 32nd piano.

Alle 15:09 entra nella camera 32-134 che è collegata tramite una porta alla camera 32-135.

Alle 23:11 PADDY ordina la cena in camera. Il totale è di $102.99.

30 settembre 2017

È l'una di notte. PADDY mette l'insegna 'non disturbare' su entrambe le porte e si reca nel parcheggio per prendere la macchina. Cambia idea, ritorna nella hall e gioca d'azzardo. Più tardi guida in notte fonda per recarsi a Mesquite.

Ore 5:56. PADDY ritorna all'albergo *Mandalay Bay* con quattro valigie.

Dalle 12:04 alle 12:15 il personale dell'albergo rifornisce il mini bar. Dopo il servizio PADDY rimette l'insegna 'non disturbare' su entrambe le porte.

Alle 13:00 Il personale di servizio bussa alla porta della camera 32-134 e chiede se deve pulire la camera, PADDY dice di no.

Alle 14:52 PADDY rimuove l'auto dal valet e parcheggia nel parcheggio degli ospiti.

Alle 15:20 sale sull'ascensore, questa volta con due valigie. Non chiede assistenza al facchino.

Ore 19:52. PADDY prende l'auto e si reca a Mesquite. Arriva alle 20:57.

1 ottobre 2017

Alle 2:06 PADDY lascia la sua residenza di Mesquite.

Alle 3:05 del mattino PADDY arriva a Las Vegas e parcheggia l'auto nel parcheggio degli ospiti del *Mandalay Bay*.

Alle 3:24 PADDY gironzola nel casinò e gioca. Usa le sue fiche e quelle della ragazza, che non c'è.

Alle 7:34 smette di giocare.

Alle 7:37 PADDY ritorna in camera.

Alle 12:22 PADDY muove la macchina dal parcheggio degli ospiti e la consegna al parcheggiatore del valet. Agisce a nome della ragazza.

Alle 12:29 è di fronte all'ascensore con due valigie a rotelle. C'è anche una valigia più piccola che penzola attaccata ad una delle valigie a rotelle.

Alle 12:33 PADDY ordina servizio in camera per il pranzo, questa volta nella camera 32-134.

Circa alle 13:20, PADDY muove la macchina dal parcheggio valet al parcheggio 'Garage East'. La macchina occupa lo spazio 317.

Alle 13:37 il servizio in camera è completato. Il totale è di sessanta sette 67 dollari ed include due pasti.

Alle 14:23 PADDY blocca la porta della camera 32-134. La camera 32-135 viene anch'essa bloccata.

Ore 21:18. Un allarme denominato HotSOS viene innescato. La chiamata è registrata e viene assegnata ad una guardia notturna di sicurezza. Nello stesso momento, la guardia riceve al cellulare cinque 5 chiamate.

Alle 21:36 il chiavistello dead-bolt della camera 32-135 è inserito. La porta è bloccata.

Alle 21:40 lo spettacolo di musica all'aperto 'Route 91' è in corso. Il cantante country Jason Alden è in palcoscenico.

Alle 21:46 viene anche inserito il chiavistello della camera 32-134. Anche questa porta è bloccata dall'interno.

Minuti dopo, la guardia Campos entra nell'ascensore di servizio. Sale al trentesimo 30th piano ed arriva alle 21:47.

La guardia Campos cammina verso la scalinata di servizio dell'ala cento 100 e sale a piedi al piano trentadue 32. La porta di servizio è bloccata, sembra barricata. La guardia quindi sale le scale al trentatreesimo 33rd piano, fa una lunga camminata lungo l'ala cento 100 per recarsi al 'Center Core'. Prende un ascensore riservato agli ospiti e scende al trentaduesimo 32nd piano.

Alle ventidue 22:00 circa, la guardia esce dall'ascensore e cammina lungo l'ala 100 verso la camera 21-129. Anche la porta di questa camera è bloccata. La guardia cammina lungo il corridoio che porta alla scalinata e nota che una sbarra a forma di elle L è avvitata tra la porta e la cornice.

Alle 22:04 la guardia usa un telefono di cortesia, lungo il corridoio e chiama il dispaccio della sicurezza per dire che c'è una porta bloccata. Il dispaccio trasferisce la chiamata al dispaccio manutenzione. La manutenzione trasferisce la chiamata al cellulare del responsabile della manutenzione.

Alle 22:05 il responsabile della manutenzione viene contattato dal dispaccio via radio.

Alle 22:05 si sentono due spari.

La guardia comincia a camminare lungo l'ala 100 verso il 'Center Core'.

Un incaricato alla manutenzione viene diretto al piano trentadue 32 dal suo supervisore.

Las Vegas Dipartimento Polizia Metropolitana LVMPD unità 169SE comunica al canale radio Centro di Comando Area Convenzioni CCAC: "169E sentiamo spari, 415 alla 'Route 91'. Sembra un'arma automatica."

Gli spari continuano.

La guardia comunica via radio al dispaccio: "Ehi, gli spari vengono dalla... uh, 32-135".

All'ingegnere della manutenzione viene ordinato di recarsi specificamente al piano trentadue 32. L'ingegnere lascia la camera 62-207 e cammina verso l'ascensore di servizio spingendo il carrello degli attrezzi. L'ascensore di servizio si trova nell'ala duecento 200 dell'albergo.

Ore 22:07

Alle 22:07 si sentono novantacinque 95 spari a raffica.

Due agenti della LVMPD lasciano l'ufficio della sicurezza del *Mandalay Bay* con due guardie armate della sicurezza.

Si sente un'altra raffica di spari, forse un centinaio 100. Sembrano diretti nel villaggio dove è in corso lo spettacolo musicale.

Alle 22:08 si sente un'altra raffica. Cento pallottole dirette precisamente nell'area del *Villaggio Las Vegas*. Dei proiettili sono diretti ad una cisterna di carburante, ma non esplode.

Alle 22:09 più pallottole sono dirette alla cisterna. Non esplode.

C'è un terzo3rd tentativo alla cisterna di benzina. Mancata.

Quarto 4th tentativo. Mancata

Quinto 5th tentativo. La cisterna è colpita in alto.

Altre raffiche alla cisterna. È colpita in basso.

Alle 22:10 nuove raffiche sono ora dirette alla folla, nel villaggio.

L'ingegnere arriva al 'Center Core' del 32duesimo piano e cammina lungo l'ala 100 verso la camera 32-135. Mentre cammina lungo il corridoio sente in lontananza un rumore simile ad un martello pneumatico. Ma l'ingegnere si rende conto che non è un martello, ma un mitragliatore.

Dopo gli spari, la guardia grida all'ingegnere di prendere riparo.

L'ingegnere si gira e si rifugia nell'alcova tra la camera 32-119 e la 32-117.

Gli spari sono ora diretti nel corridoio verso l'ingegnere. L'ingegnere cerca di entrare nella camera 32-117 con la sua chiave master, ma la porta è bloccata con il chiavistello—non può entrare.

L'ingegnere comunica via radio: "Shannon, chiama la polizia. Qualcuno sta sparando con un fucile automatico nel corridoio al piano trentadue."

Alle 22:11 I due agenti della LVMPD arrivano al 'Center Core' al piano 31 e camminano lungo l'ala 100 con le due guardie di sicurezza del *Mandalay Bay.*

C'è un'altra raffica di spari, ottanta 80 forse cento 100 pallottole, tutte dirette al villaggio.

Sono le 22:12, si sente un'altra raffica.

Due guardie di sicurezza armate escono dall'ascensore degli ospiti al piano 32 e si dirigono al 'Center Core'.

C'è un'altra raffica di proiettili. Nel villaggio due agenti della LVMPD sono feriti.

La guardia, assieme ai due agenti, comunica via radio: "Ci sono raffiche d'arma da fuoco sopra di noi; siamo al piano 31. Le sentiamo sopra di noi."

Alle 22:13 si sente un'altra raffica, alle 22:15 un'altra ancora.

Alle 22:16 I due agenti della LVMPD entrano nella scalinata d'emergenza del piano 31. Si muovono con cautela.

Alle 22:41 quattro 4 'teste di cuoio' *swat team* salgono le scale dal trentesimo 30 piano. Arrivano al piano trent'uno 31 e sgomberano l'area.

Alle 22:56 le teste di cuoio si dirigono nella scalinata e salgono al piano 32.

Ore 22:57

Sono le 22:57. Due teste di cuoio sfondano la porta barricata con una sbarra di ferro a forma di elle L.

Sono le 23:20. Le teste di cuoio irrompono nella camera 32-135 sfondando la porta. PADDY è al suolo con un proiettile nel cranio. Si è tolto la vita.

C'è una seconda irruzione nella camera 32-134. Una testa di cuoio spara una raffica breve di tre proiettili che colpiscono una sedia, la televisione ed il muro. Sembra una decisione negligente, forse provocata da timore.

Dopo l'irruzione ad entrambe le camere, arrivano gli investigatori per assumere il controllo di tutto il piano 32.

Il Sospetto

Durante le indagini si viene a sapere che il sospetto viveva a Mesquite con la sua compagna che al momento della strage era nelle Filippine dal 14 settembre. È ritornata negli Stati Uniti il tre di ottobre ed è stata sottoposta ad interrogatorio da parte degli inquirenti. Secondo la compagna, PADDY sembrava distante durante la relazione e negli ultimi mesi non c'era più intimità. La compagna lo ha descritto assillato da una costante paranoia per i germi e gli odori. Ha anche detto che durante un breve soggiorno, mesi prima, nella camera 60-235, PADDY continuava ad affacciarsi alla finestra che dava al *Las Vegas Village*. Ha cambiato finestra ripetutamente per osservare da diverse angolature.

La ex moglie lo ha descritto intelligente e con un'affinità per I numeri. Ha inoltre specificato che ha lavorato come agente per l'erario IRS. Ha lavorato come revisore di conti per le ditte *Lockheed Martin* e *Boeing*. Ha comprato edifici con la madre, che ha restaurato e poi rivenduto. L'ultima proprietà' fu venduta nel 2010.

Secondo amici e conoscenti, PADDY confidò di essere malato. Secondo un'intervista con un medico, che si è dichiarato medico di famiglia,

PADDY si è presentato da lui circa nell'Ottobre del 2016 per una visita di controllo. Il medico lo ha descritto come un tipo strano e senza carattere ed emozioni. Forse bipolare, ma PADDY non ha mai voluto discuterne con il medico e ripetutamente ha rifiutato prescrizioni per farmaci contro la depressione; ma occasionalmente ha accettato ricette per stati d'ansia. Ha fatto notare che PADDY era timoroso degli psicofarmaci. Il medico ha concluso che non ha mai fatto abuso di medicine.

Molti conoscenti hanno detto che PADDY era un assiduo giocatore d'azzardo. Le sue giocate erano di decine di migliaia di dollari alla volta e giocava ripetutamente saltando da un casinò all'altro. Godeva di privilegi come VIP ricevendo camere e cibi omaggio.

Dal 1982 al settembre 2016, PADDY acquista ventinove 29 armi da fuoco. Dall'Ottobre 2016 fino al settembre 2017 acquista più di cinquantacinque 55 armi e munizioni. Per la maggior parte, fucili di diverso calibro. Ad eccezione di un revolver, ogni fucile e mitragliatore rivenuto nella camera dell'albergo, è stato acquistato dopo il settembre 2016.

PADDY non ha mai avuto problemi con la giustizia.

Testimonianze

Durante il concerto la polizia metropolitana era presente con quarantaquattro 44 agenti, cinque 5 sergenti e un tenente. Gli agenti erano appostati dalle tredici 13:00 all'una 1:00 del mattino.

Quando il cantante Jason Aldean è entrato in palcoscenico, due poliziotti hanno sentito, da loro descritti, dei fuochi d'artificio. Un coordinatore ha usato le video camere per determinare il luogo d'origine dei rumori e ha dato istruzioni ai poliziotti di cambiare la frequenza radio.

Altri agenti dentro il villaggio si rendono conto che I rumori vengono dalla zona sud ovest. Parte della folla comincia a muoversi verso le uscite. Appena gli agenti sentono gli spari, si avventano alla ricerca del responsabile.

Due agenti sono all'ufficio di sicurezza dell'albergo con due guardie che hanno detenuto due donne per tentato trapasso di proprietà privata. Quando sentono la chiamata via radio si dirigono fuori. Un altro manager addetto alla sicurezza si dirige al lato dell'albergo quando riceve una chiamata che una guardia è stata colpita da un proiettile di gomma nella torre del Mandalay Bay.

Alcuni agenti prendono l'ascensore che il tecnico della manutenzione tiene aperto forzatamente per evitare l'uso ad alcuni ospiti. Ci sono pareri discordanti sulla provenienza degli spari, quindi gli agenti decidono di andare ai piani 31, 32 e 33. Quando arrivano al piano 31, due agenti e due guardie escono dall'ascensore e camminano nell'ala 100 e sentono spari, ma non sono certi sulla provenienza. Un agente ed una guardia si recano al piano 32 con l'ascensore.

Al villaggio I poliziotti vedono la folla diradarsi dalla zona sud ovest dal palco. Sono convinti che lo sparatore è in quella zona. Alcuni agenti si recano verso il palco palcoscenico mentre sentono gli spari e gridano alla folla di mettersi a terra per individuare lo sparatore. Mentre si muovono tra la folla si rendono conto che ci sono morti e feriti. Un agente comunica la strage al dispaccio, ma la radio è sul canale sbagliato.

Gli agenti assegnati alla zona Reno Avenue e Las Vegas Boulevard si muovono rapidamente verso la strada principale. Pensano che gli spari provengono dalla zona sud del villaggio. Dicono alla folla di allontanarsi dalla zona. Improvvisamente gli spari sono diretti a loro, quindi prendono rifugio dietro un muro. Durante gli spari gli agenti continuano a gridare alla folla ed assistono I feriti.

Un detective era nella zona Mandaly Bay Drive all'incrocio con Las Vegas Boulevard; quando sente gli spari, prende un binocolo dalla macchina di servizio e guarda verso la facciata dell'albergo. A tre quarti dalla base della torre nord, nota la siluetta di un uomo in posizione di tiro vicino ad una finestra. Nota il fumo della polvere da sparo, ma nessuna scintilla. Cerca di comunicare via radio ma il canale è intasato. Cambia canale, nell'area comando nord est, e comunica la posizione dello sparatore.

Nel frattempo il tecnico di manutenzione è nella camera 62-207 per riparare una perdita d'acqua; riceve la chiamata dal dispaccio e viene incaricato di andare al piano 32 nella scalinata di servizio dell'ala 100 per rimuovere la sbarra a forma di elle che blocca la porta, su segnalazione della guardia di sicurezza. Il tecnico prende gli attrezzi e cammina dall'ala 200 all'ala 100. Quando giunge in prossimità della camera, nota la guardia nascosta tra le mura del corridoio sulla destra. Sente rumore di spari proveniente dal corridoio. La guardia gli grida di ripararsi dal fuoco. Il tecnico immediatamente si rifugia in un'alcova. I colpi sono diretti a lui, ma si ripara e sente I proiettili contro le mura. Qualcosa lo colpisce nella schiena, ma niente di grave, forse qualcosa caduto dal soffitto. Ma dà un'occhiata alla guardia e nota che la parte inferiore della sua gamba è insanguinata.

Dal piano 31, due agenti e due guardie camminano verso l'ala 100 quando sentono gli spari dal piano 32. Si dirigono verso la scalinata alla fine del corridoio. Quando si avvicinano alle scale, gli spari continuano e si sente puzza di polvere da sparo. Entrano nella scalinata e salgono al piano superiore. Si appostano meticolosamente ad ogni angolo per bloccare una tentata evasione dello sparatore.

Nel frattempo macchine della polizia arrivano sul luogo, seguite da un furgone per il trasporto di detenuti; ma non ci sono arresti.

Ci sono auto della polizia dappertutto. Ci sono spari e due agenti che riparano dietro le auto sono colpiti dai proiettili. Uno al collo ed un altro al bicipite, ma il proiettile poi continua e finisce al petto. Vengono subito trasportati all'ospedale della zona.

Il fuoco continua. Nel villaggio, gli agenti danno direzioni alla folla verso le uscite. Un agente in borghese prende parte all'operazione, ma è ferito e muore poco dopo. I feriti vengono trasportati all'ospedale con qualsiasi mezzo a disposizione; mezzi di polizia, ambulanze e mezzi privati. Il caos continua. È un inferno.

Quando arrivano le teste di cuoio denominati 'Strike Team', si dirigono verso il parcheggio dell'hotel Luxor e coordinano l'operazione con le guardie di sicurezza. Si recano verso l'ascensore principale del 'Center Core'; le informazioni sono che lo sparatore è forse al piano 29 o al 31. Chiedono alle guardie di bloccare tutti gli ascensori. Alcuni uomini dello 'Strike Team' si recano nella camera chiamata 'Foundation Room' all'ultimo piano. Una volta al bar, gli agenti sgombrano la folla in zona sicura.

Al piano 32, la guardia ed il tecnico della manutenzione sono ancora contro il muro, immobili al coperto per evitare le pallottole. Ad un certo punto gli spari cessano, forse solo per un momento; I due ne approfittano e corrono verso il 'Center Core'. Gli spari riprendono dopo sei secondi.

Gli agenti della polizia metropolitana arrivano al piano 32 e si dirigono verso l'ala 300. Entrano in alcune camere e cercano, ma non c'è nessuno. Si incontrano con il tecnico della manutenzione che a sua volta gli dirige verso l'ala cento. Improvvisamente non si sentono più spari. Gli agenti si muovono lentamente e con cautela.

Le teste di cuoio ricevono una nuova dritta sulla posizione del terrorista. Due uomini lasciano il gruppo nella camera 'Foundation' e si dirigono al piano 32. Appena scendono dall'ascensore incontrano altri agenti già sul luogo. Tutti si dirigono verso la camera del terrorista, ma la porta che dalle scale porta al corridoio è bloccata con una spranga di ferro.

Il tecnico della manutenzione blocca gli ascensori, nessuno si muove.

Dalla scalinata un agente forza la porta bloccata. Si apre abbastanza per dare un'occhiata alla porta della camera 32-135 e della 32-134. Le porte sono chiuse. Un carrello di vivande coperto da una tovaglia bianca è di fronte alla porta della camera 32-134. Gli agenti notano dei cavi collegati dal carrello alla porta. Credono che c'è un esplosivo.

Decidono di usare a loro volta un esplosivo per entrare in camera, nel frattempo comunicano via radio che ne faranno uso. Via radio, sentono un aggiornamento sulle vittime nel villaggio. Sono passati circa quaranta minuti senza spari. Decidono che devono entrare nella camera del terrorista per evitare un peggioramento della situazione. Un agente cinofilo K9 si avvicina al carrello vivande e scopre una videocamera: la copre; lascia l'esplosivo sulla porta della camera 32-135 e si allontana verso la scalinata.

Il comandante dell'unità dà l'OK per l'uso di esplosivi. Comunica via radio che ci sarà un'esplosione e ordina a tutti di ripararsi. C'è il via. L'ordigno esplode e la porta della camera 32-135 è aperta.

Gli agenti sono ancora nella scalinata ma notano al suolo un fucile modificato a mitraglia con cannocchiale e con un bipede. Aspettano circa trenta secondi prima di muoversi, cercano una reazione dal terrorista.

Uno degli agenti cinofili va per primo; è cauto e si muove lentamente per entrare in camera. Non si sente una mosca volare, quindi gli agenti si fanno forza per entrare anche loro, usano uno scudo. Si dividono in due gruppi. Il primo gruppo entra in camera dalla sinistra e il secondo gruppo dalla destra. Il primo gruppo si ferma alla porta. Il secondo gruppo entra e grida che il terrorista è a terra con la schiena al suolo.

Una pistola di piccolo calibro è per terra vicino alla testa del morto. C'è sangue attorno alla testa. Gli agenti credono che si sia tolto la vita. La finestra è spalancata e la tenda svolazza dal vento. Vicino al morto c'è anche un martello pneumatico. Sotto il corpo dell'uomo c'è un fucile, anch'esso modificato. Gli occhi degli agenti sono vigilanti e continuano la perlustrazione—notano altri fucili. Al suolo ci sono munizioni consumate dappertutto, ma ci sono ancora parecchi caricatori pieni.

C'è un'altra porta, ma è chiusa. Un agente gli dà un calcio, ma non si apre. Decidono di usare un altro ordigno esplosivo. Dopo lo scoppio entrano; è la camera adiacente, la 32-134. Un alto agente entra dalla porta principale; tutti si guardano in faccia. Uno spara una raffica di tre proiettili. Gli agenti nel corridoio sentono gli spari e si dirigono nella camera 32-134. Si muovono rapidamente; gli agenti si guardano in faccia.

Nella camera c'è un altro carrello vivande, anche questo con una tovaglia bianca. Su di esso c'è un computer portatile acceso. Sullo schermo si nota la veduta del corridoio ripreso dalla videocamera poco prima rinvenuta.

Gli agenti perlustrano le camere per assicurarsi che nessuno è nascosto dietro i mobili. Alcune valigie sono piene di caricatori pieni di munizioni. C'è un'altra videocamera, attaccata all'oculare (peehole) della porta della camera 32-135. Le teste di cuoio se ne vanno, perché ci sono spari in altre zone, secondo I rapporti via radio.

Gli agenti si recano nella 'Las Vegas Boulevard" ma non ci sono spari. È un falso allarme. Gli agenti della scientifica, CSI si recano sul luogo del delitto per fare I rilievi.

Dopo l'autopsia dell'individuo sospetto viene rivelato che la morte è per suicidio, causata da un proiettile alla testa. Il nome del sospetto è Stephen Paddock di sessantatré 63 anni, residente a Mesquite, Nevada. Dopo le indagini della FBI si è concluso che Paddock ha agito da solo e senza complici. Gli inquirenti hanno intervistato quarantatré persone associate con Paddock, tra qui ventiquattro giocatori d'azzardo, undici conoscenti ed otto familiari. Nessuna dichiarazione di suicidio è stata rinvenuta sulla scena del crimine. Inoltre si è constatato che Paddock non ha avuto contatti con organizzazioni terroristiche, radicali o gruppi ideologici nazionali o internazionali. Tutte le armi e munizioni sono state acquistate legalmente.

Durante le indagini si è inoltre venuto a conoscenza che Paddock non aveva debiti. La passione per il gioco d'azzardo era finanziata dai suoi risparmi e dalle compravendite immobiliari.

Achille Lauro

EASY ITALIAN READER

Alfonso Borello

7 ottobre 1985

A bordo sembra una giornata tranquilla, una giornata di vacanza come tante altre.
Alle ore 13 di lunedì 7 ottobre 1985, la nave da crociera Achille Lauro è in navigazione nelle acque territoriali egiziane. 24 mila tonnellate di stazza, 200 metri di lunghezza, la nave batte bandiera italiana; è sbarcata da Genova giovedì 3 ottobre 1985. L'itinerario, di 11 giorni, è Genova, Napoli, Siracusa, Alessandria d'Egitto, Porto Said, Ashdod in Israele, Lima a Cipro, Rodi e Pireo in Grecia, poi Capri ed infine ritorno a Genova. Il biglietto per la cabina doppia è tra i novecento ed i mille e cinquecento dollari.
A bordo ci sono 320 persone d'equipaggio e 107 passeggeri. Gli altri 670 passeggeri sono sbarcati per una visita al Cairo e sono attesi in serata a porto Said. Tra i passeggeri a bordo ci sono turisti Americani, fra i quali un gruppo di amici di New York. Sono insiemi per celebrare il 58esimo compleanno di Marilyn Klinghoffer, che viaggia con il marito, il quale è su una sedia a rotelle a causa di un infarto. I due festeggiano 36 anni di matrimonio. Hanno deciso di viaggiare sull'Achille

Lauro perché' avena pieno accesso per gli handicappati.

Ore 13:07
Quattro individui sulla ventina irrompono nella sala da pranzo della nave, dove al momento si trova la maggior parte dei passeggeri. Il direttore della crociera riconosce gli individui. Sono gli stessi, poco socievoli durante un colloquio tra i passeggeri il giorno prima, durante la tappa nello stretto di Messina. Avevano detto di esserti argentini, ma non masticavano alcuno spagnolo, secondo alcuni passeggeri. In un batter d'occhio si rivelano terroristi e sono armati fino a denti. Durante la confusione uno spara ed un proiettile colpisce un membro dell'equipaggio ad una gamba. Alcuni passeggeri indossano ancora il costume da bagno poiché erano andati in piscina. Uno steward comunica al capitano Gerardo De Rosa che ci sono individui armati in sala che sparano ai passeggeri. Da un altoparlante si sentono grida dirette al capitano; deve recarsi sul ponte. De Rosa scende rapidamente e viene bloccato da uno dei dirottatori che gli punta il mitra in faccia. Un altro individuo spara verso il ponte ed urla in arabo. Vogliono che la nave cambi rotta a 300 miglia a nord ovest verso il porto siriano di Tartus. Nel giro di pochi minuti la nave è in mano ai terroristi. Secondo le ricostruzioni, i terroristi si sono imbarcati a Genova con passaporti falsi, confondendosi tra i

passeggeri. Si definiscono membri dell"OLP,
l'organizzazione per la liberazione della Palestina.

I militanti

L'organizzazione per la liberazione della Palestina nasce nel 1964 e riunisce nella struttura una miriade di organizzazioni palestinesi molto diverse tra loro, ma con un unico obiettivo: la distruzione dello stato di Israele. Un'altra organizzazione con gli stessi principi è il fronte per la liberazione della Palestina fondato da Yasser Arafat. In tutto ci sono otto organizzazioni con lo stesso scopo. Arafat presiede dal 1969 e diventa leader indiscusso, ma presto imbocca un doppio binario. Da una parte la lotta armata contro Israele e dall'altra la pressione diplomatica sulle Nazioni Unite, sui governi arabi, ma anche su quelli occidentali affinché sostengano la causa dei palestinesi. Verso la fine degli anni settanta la politica ufficiale si sposta su posizioni meno intransigenti, ma nel 1985 gli Stati Uniti e Israele considerano ancora l'OLP un'organizzazione terroristica. L'obiettivo primario del commando palestinese era di fare un attentato nel porto israeliano di Ashdod, ma l'operazione andò in fumo perché un membro dell'equipaggio si recò nella loro cabina per offrire un rinfresco; la porta era aperta e notò che gli individui stavano asciugando le armi con un asciuga capelli. Le armi furono nascoste in un serbatoio di benzina di una macchina parcheggiata in Italia. Sentitisi scoperti, soprattutto per la puzza di benzina, decidono di prendere d'assalto la nave. Sembra quindi che l'Achille Lauro sia stata dirottata per sbaglio, quasi per caso, ma l'incubo è appena iniziato e si vivono attimi di terrore tra I passeggeri ed i membri dell'equipaggio.

Ore 15:00

Alle ore 15:00, poco prima dell'ordine dei terroristi al silenzio radio, il marconista della nave riesce a lanciare un messaggio SOS. L'Achille Lauro in quel momento si trova a poche miglia dalle coste egiziane, ma il messaggio viene captato da una zona lontana a Göteborg in Svezia, da una stazione radio costiera. Il messaggio è drammatico, la voce è del marconista: "Qui è l'Achille Lauro, nave crociera battente bandiera Italiana. Siamo stati dirottati da un numerato imprecisato di palestinesi che chiedono la liberazione di 50 compagni detenuti in Israele.

Ore 17:00
La Farnesina riceve la notizia che l'Achille Lauro è stata dirottata. Il ministro degli esteri Giulio Andreotti chiama il ministro della difesa Giovanni Spadolini che si trova a Milano e che ordina immediatamente lo stato di allerta per tutte le forze armate. Il governo intanto cerca riscontri alla notizia. Tre ore dopo, dalle autorità egiziane di porto Said, si riceve la conferma che la nave italiana è infatti sotto il controllo dei palestinesi.

Il telegiornale delle ore 20:00
Buona serata, apriamo il nostro giornale con una notizia drammatica: Il sequestro di una nave

italiana con oltre 450 persone a bordo al largo delle coste egiziane. A bordo ci sono 200 marinai italiani, 50 marinai stranieri e 62 passeggeri di diverse nazioni. I dirottatori chiedono la liberazione di 50 compagni detenuti in Israele. Minacciano rappresaglie se la loro richiesta viene respinta.

Lunedì 7 ottobre ore 20:10
Al quinto piano della Farnesina il ministro degli esteri Andreotti raccoglie tutte le informazioni disponibili e apre i primi contatti diplomatici; inoltre si mette in contatto con i familiari degli ostaggi. Il ministro della difesa Spadolini rientra d'urgenza a Roma da Milano e convoca tutti i vertici delle forze armate e dei servizi segreti. Il presidente della repubblica Cossiga, appena eletto, è nella tenuta di Castel Ponzano dove incarica i militari di mettere a punto un piano per liberare l'Achille Lauro con la forza. L'operazione si presenta subito difficile e piena di rischi.

Ma quale è la situazione politica in Italia in quell'ottobre del 1985?
Bettino Craxi è a palazzo Chigi da due anni, al quirinale, da pochi mesi è stato eletto presidente della repubblica Francesco Cossiga; il ministro degli esteri è Giulio Andreotti, da sempre tutti favorevoli al dialogo con i paesi arabi.
Alla difesa c'è il repubblicano Giovanni Spadolini che è invece decisamente vicino agli stati uniti di

Ronald Reagan. Alla casa bianca l'alleato più fedele è come sempre Israele; insieme condividono l'ostilità per la OLP e la linea di fermezza contro il terrorismo. Lo scenario è complesso, non solo sul piano internazionale, ma anche su quello nazionale, in Italia e all'interno della stessa maggioranza di governo.

Castel Ponzano

A Castel Ponzano arriva una radio potente per le comunicazioni. Spadolini studia le carte nautiche e le planimetrie della nave insiemi agli esperti militari.

Andreotti, da casa, si mette in contatto con il ministro di stato egiziano che gli assicura la collaborazione totale. Comunica con Arafat, che prende le distanze dai terroristi con un comunicato tramite l'OLP. Gli Stati Uniti hanno già deciso: nessuna trattativa con i terroristi. A Roma, a mezza notte circa, Spadolini convoca un vertice operativo al ministero della difesa.

Partono i primi ordini. Gli uomini del raggruppamento Teseo Tesei della marina militare vengono trasferiti in elicottero sulla nave ammiraglia Vittorio Veneto. Da Livorno decollano quattro elicotteri da trasporto con 60 paracadutisti del nono battaglione. Dalla Sicilia decollano i ricognitori dell'aereonautica militare per individuare la posizione esatta dell'Achille Lauro. Il nome in codice è operazione Margherita. A palazzo Chigi si riuniscono Craxi, Andreotti e Spadolini. Il ministro della difesa illustra lo spiegamento di forze ed espone il piano d'intervento militare. Andreotti non è convinto. Alle 3 del mattino Yasser Arafat telefona a Bettino Craxi per ribadire che l'OLP è estraneo al dirottamento e lo informa che due dei suoi emissari sono in viaggio per Il Cairo per affiancare il governo egiziano nella trattativa. Uno dei due è Abu Abbas, leader del fronte per la liberazione della Palestina, un gruppo dissidente, una fazione dell'OLP non molto conosciuta. Uno dei dirottatori sembrerebbe farne parte.

Andreotti, favorevole, spiega che gli americani suggeriscono un colloquio diplomatico con Arafat. Lo stesso Arafat sembra voler aiutare Roma in questa trattativa e propone un suo mediatore, Abu Abbas, che presto si rivelerà l'uomo chiave della vicenda.

Ma chi è Abu Abbas?

È il leader del Fronte per Liberazione della Palestina (FLP) da lui fondato nel 1977. Considerato un duro, un uomo d'azione più che un politico, ha rivendicato numerosi attentati sia in Israele che in Europa. Nel 1982 il FLP si spacca in due; una parte resta nell'OLP di Arafat per seguire la sua linea più moderata, l'altra si spinge sul filo siriano, più intransigente. Secondo l'OLP, questo gruppo sarebbe forse responsabile del dirottamento dell'Achille Lauro, ma Arafat sembra non essere a conoscenza del coinvolgimento del mediatore Abbas che crede dalla sua parte. Ci sono molte ombre su questo uomo e su di lui si concentra l'attenzione del servizio segreto israeliano Mossad e degli agenti segreti americani.

Martedì 8 ottobre

Alle 11:00 i dirottatori contattano le autorità
siriane; la nave è vicino alla Siria e viene
individuata dai ricognitori italiani. In contatto con
il porto di Tartus, i terroristi ribadiscono che
vogliono la liberazione dei 50 palestinesi detenuti
in Israele e chiedono di negoziare con la croce
rossa internazionale e con gli ambasciatori d'Italia,
Stati Uniti, Gran Bretagna e Germania Federale.
Se le loro richieste non verranno accolte
cominceranno ad uccidere gli ostaggi. Chiedono
via radio di poter attraccare in porto, ma Assad,
che era in visita in Cecoslovacchia, dice di no: "Noi
preferiamo rimanere fuori da vicende di questo
tipo."
Chiedono allora di mandare sulla nave qualcuno
dalla croce rossa internazionale ed i
rappresentanti britannici e americani. Esigono la
liberazione dei 50 compagni incluso Samir Kuntar,
il quale si rivelerà un amico di Abu Abbas.
Israele rifiuta. Molqi, il capo gruppo dei terroristi
dice che comincerà le esecuzioni degli ostaggi alle
15:00 in punto. La Siria non fa una mossa.

Alle 13:30 l'ambasciatore americano Maxwell si
reca a palazzo Chigi dove s'incontra con il
consigliere diplomatico di Craxi, Antonio Baldini.

L'americano, come porta voce di Reagan, dice che gli americani non trattano con i terroristi.

Alle 14:00 da Damasco arriva la conferma che i dirottatori hanno chiesto di poter attraccare nel porto di Tartus. Damasco dice che potrebbe essere disponibile ad accogliere la nave ma solo se Italia e Stati Uniti accettano di aprire un negoziato con i terroristi. Vogliono una risposta entro un'ora.

L'americano ribadisce che non ci saranno niente trattative con i terroristi.

Dopo il no di Israele al rilascio dei 50 palestinesi, Craxi chiede a Damasco di non autorizzare l'attracco della nave italiana. I terroristi ricevono la notizia e si scatena la loro furia.

Immediatamente cominciano a cercare di ottenere i passaporti dei passeggeri per distinguerli. Non sembra facile, ma ottengono il passaporto di un americano su una sedia a rotelle, Leon Klinghoffer di 69 anni, il quale ammette di essere ebreo.

Alle 3 in punto, dopo la verifica dei passaporti americani, britannici e austriaci, i terroristi decidono di uccidere per primo l'americano invalido e poi Midred Hodes. L'americano viene scelto per primo perché rifiutò di stare in silenzio quando gli fu ordinato e per il suo linguaggio abrasivo; fra le altre cose, un uomo su una sedia a rotelle era troppo d'impiccio ed i terroristi erano in pieno accordo di uccidere per primo un americano. Il fatto che era invalido dava anche l'impressione che non avrebbero avuto pietà per nessuno, considerato anche il fatto che Israele continuava ad uccidere donne e bambini palestinesi.

Molqi, il capo banda, ordina ad un cameriere di origine portoghese di spingere la sedia a rotelle dell'americano fuori sul ponte della nave. Gli altri terroristi muovono gli altri ostaggi dentro la camera da pranzo. La moglie dell'americano nota che il marito non è tra il gruppo e comincia a piangere. Un terrorista dice che stato trasportato in infermeria.

Molqi spara all'americano alla testa e poi al petto. Muore sul colpo. Molqui entra in sala e ordina allo stesso cameriere di spingere la sedia a rotelle in mare. Il cameriere da solo non ci riesce, quindi Molqi ordina ad altro uomo dell'equipaggio, un barbiere, di aiutare il compagno a spingere la sedia a rotelle; Molqui punta il mitra ad entrambi i ragazzi.

Gli ostaggi sentono i colpi di arma da fuoco e poi gli splash d'acqua. La moglie dell'americano ha uno strano presentimento e chiede di vedere il marito in infermeria, ma un terrorista dice di no. Piange ed è confusa.

Molqui, con gli abiti sporchi di sangue, ritorna in sala e dice ai compagni che ha ucciso l'americano. Molqui dà il passaporto dell'americano al comandante della nave De Rosa. Alza il pollice e l'indice e dice: "Boom boom." Dopo dà il passaporto della signora Hodes e dice: "Questa è la prossima."

De Rosa dice che possono uccidere lui invece dei passeggeri. Molqui gli ordina di comunicare via radio alla Siria che un passeggero è stato ucciso e che si preparano per il secondo.

La Siria comunica a Molqui bruscamente di ritornare da dove è venuto.

Molqui ordina al comandante De Rosa di dirigere la nave verso la Libya.

Verso l'Egitto

All'improvviso i terroristi cambiano idea ed ordinano al comandante De Rosa di fare rotta per l'Egitto. Abbas contatta i dirottatori via radio e dice di non toccare nessun ostaggio. La nave si dirige verso porto Said nel pomeriggio di martedì 8 ottobre. Un radio amatore libanese dichiara di aver intercettato una comunicazione tra la nave italiana e la Siria, dove i terroristi dichiarano di aver ucciso un ostaggio. Il radioamatore è in realtà un agente israeliano del Mossad, ma fa bene la sua parte.
La notizia dell'uccisione dell'ostaggio non è confermata.
Mercoledì 9 ottobre alle 2 del mattino l'ambasciatore americano torna a palazzo Chigi in colloquio privato
con Craxi, il diplomatico rivela che alcune intercettazioni confermano l'omicidio del passeggero. L'America dice che è pronta ad attaccare l'Achille Lauro. Craxi dice che non vuole spargimento di sangue e preferisce la via diplomatica. L'ambasciatore italiano in Egitto riceve il mandato di aprire un negoziato con i terroristi. I rappresentati dell'OLP prendono parte alla trattativa insieme ad Abbas.
Alle nove del mattino di mercoledì 9 ottobre la nave italiana getta l'ancora a 15 miglia da porto

Said. Il Mossad intercetta la conversazione fra Abbas, che usa altro nome, ed i terroristi, dove comunicano che sono pronti ad arrendersi se il comandante promette un salvacondotto tramite il governo italiano. Sono pronti a deporre le armi e scusarsi con i passeggeri.

Alle 11 del mattino l'OLP chiede il salvacondotto al governo italiano. Gli americani sono contrari, ma l'Italia accetta e pone una condizione, che sulla nave non siano stati compiuti atti di violenza perseguibili in base al codice penale italiano. Il governo italiano chiede contatto con il comandante De Rosa il quale conferma che i passeggeri stanno tutti bene. Il comandante fa bene la sua parte, la priorità assoluta è quella di liberarsi dai dirottatori sotto la minaccia delle armi.

Dopo le rassicurazioni di De Rosa, il governo italiano autorizza l'ambasciatore italiano in Egitto Migliuolo a firmare il salvacondotto per i terroristi. L'ambasciatore era al corrente della morte di Klinghoffer, ma il sotterfugio era diretto agli americani. Secondo voci di corridoio, Craxi non sapeva che l'ostaggio fosse già stato ucciso. Alle 15:30 un rimorchiatore egiziano raggiunge la nave e preleva i dirottatori. L'Achille Lauro è libera, forse.

Craxi è a pranzo in un ristorante sotto palazzo Chigi. Dopo tanti giorni di tensione, salta il pasto solito leggero ed ordina un piatto di cannelloni, che, appena saputo della morte dell'ostaggio americano, gli va di traverso. 'L'inghippo' (termine dialettale napoletano per sotterfugio), non è più tale, ma è un favoreggiamento.

Alle 3 del mattino del giorno seguente la nave da crociera italiana entra in porto, è per tutti un sollievo e la conclusione di una vicenda che per quasi tre giorni ha tenuto milioni di persone col fiato sospeso, mobilitando i governi di mezzo mondo. Sulla parete del ponte turistico della nave dove il turista americano è stato ucciso a testa in giù con una raffica di mitra, c'è un enorme macchia di sangue visibile fino alla linea di galleggiamento.

Alle 12:00 il presidente egiziano Mubarak convoca una conferenza stampa. Afferma che i quattro terroristi palestinesi che hanno sequestrato l'Achille Lauro hanno lasciato l'Egitto per recarsi a Tunisi e dice di non sapere niente dell'omicidio del passeggero americano.

Gli americani intercettano le comunicazioni di Mubarak e sanno che i terroristi non sono ancora partiti, ma sono in una base egiziana a 30 chilometri dal Cairo e che tra poco si imbarcheranno su un Boeing dell'Egypt Air diretto a Tunisi.

Verso la Sicilia

La casa bianca ordina di intercettare l'aereo e condurlo in una base americana.

Alle 21:15 del 10 ottobre il Boeing 737 dell'Egypt Air decolla dalla base militare egiziana; a bordo ci sono i quattro dirottatori e due emissari dell'OLP, Hani al-Hassan and Abu Abbas.

In approccio a Tunisi, su richiesta americana, il governo tunisino nega il permesso d'atterraggio all'aereo egiziano. Il Boeing allora fa rotta su Atene, ma anche la Grecia nega il permesso, su richiesta di Washington. Reagan manda un messaggio ai terroristi: "Potete scappare, ma non potete nascondervi."

L'ordine di intercettare l'aereo egiziano viene mandato alla nave americana Saratoga appartenente alla sesta flotta denominata Task-force, che al momento era in rotta verso la Jugoslavia. L'ammiraglio del Saratoga aveva seguito per radio attraverso le notizie la situazione dell'Achille Lauro, ma rimane stupefatto dall'ordine di Washington. Deve trovare il Boeing egiziano e non sa dov'è perché il cielo è grande.

Manda aerei in perlustrazione, in alcuni devono addirittura essere rimossi i missili per armi più leggere. Improvvisamente i servizi segreti della Mossad vengono a conoscenza della sigla dell'aereo civile Egypt Air Boeing 737, volo 2843 e mandano un messaggio al pentagono, il quale manda un messaggio alla sesta flotta, che a sua volta manda il messaggio alla Saratoga.

I caccia americani sono in volo alla ricerca dell'aereo di linea e vengono ordinati di volare al buio. Poiché non c'erano sensori per verificare l'identità degli aerei civili, un caccia Tomcat viene mandato in giro per il cielo, con una torcia in mano al secondo pilota per illuminare e leggere la sigla sulla coda del Boeing.

Il Tomcat si avvicina al primo aereo sospetto che vola anch'esso senza luci, ma è un U.S. Air Force Lockheed C-141 Starlifter che trasporta Carl Steiner ed il suo commando diretti a Sigonella per attaccare i terroristi.

Dopo l'intercettamento di otto aerei senza aver trovato quello giusto, al Tomcat viene ordinato di avvicinarsi ad un altro aereo. Il secondo pilota illumina la coda del Boeing con una pila, comunica la sigla alla Saratoga, sì, l'aereo e quello giusto e lo costringono a scendere nella base di Sigonella in Sicilia.

La casa bianca chiede a Craxi il permesso di far atterrare l'aereo a Sigonella, Craxi concede il permesso, ma subito dopo contatta le autorità militari perché' l'aereo egiziano deve essere protetto a tutti i costi ed i passeggeri devono essere sotto la custodia delle autorità italiane. Craxi dunque ha le idee ben chiare; i terroristi dell'Achille Lauro, i mediatori del' OLP e tutti gli altri passeggeri dell'aereo egiziano devono rimanere sotto il controllo e la protezione delle autorità italiane.

Sigonella

Il Boeing egiziano atterra alla base di Sigonella
seguito da due caccia americani e da due C141
con a bordo gli uomini dei corpi speciali della
Delta Force americana. È la mezzanotte di venerdì
11 ottobre.
Sulla pista i militari italiani della vigilanza
aereonautica si dispongono in circolo intorno
all'aereo egiziano, ma appena sbarcati dai i C141 i
militari americani circondano a loro volto il
cordone di sicurezza italiana, ma dopo pochi
minuti arriva una colonna di automezzi dei
carabinieri, i quali armi in pugno circondano gli
americani. I carabinieri sono più di trecento e
aspettano una reazione.

"Eravamo viso a viso con i nostri ragazzi e quelli
della Delta Force," rammenta un carabiniere.
C'era tensione, sarebbe bastato che gli americani
avessero tentato di prelevare con la forza i
terroristi sull'aereo o che avessero travolto i nostri
VAM ed i carabinieri avrebbero sparato. Tra Italia
e Stati Uniti, improvvisamente si profila una crisi
senza precedenti, dove un dirottamento di una
nave crociera rischia di trasformarsi in uno
scontro armato fra due nazione NATO.
Il generale Steiner, a capo della Delta Force insiste
che deve assolutamente prendere in consegna i

passeggeri del Boeing, perché quelli sono gli ordini, ma gli Italiani rispondono a muso duro e se gli americani si avvicinano all'aereo egiziano faranno fuoco. A questo punto sul posto arriva il sostituto procuratore di Siracusa Roberto Pennisi: "Io vedevo che i cespugli si muovevano nonostante non ci fosse vento, poi mi accorsi che gli uomini della Delta si erano posti in posizione di combattimento, sembravano dei bambini che giocavano a nascondino, un'altra bravata tipicamente americana."

Il procuratore ribadisce che non può assolutamente consegnare i terroristi perché hanno commesso un reato su territorio Italiano, quindi l'America non ha giurisdizione; la nave batte bandiera italiana.

Fallita l'azione militare americana, Reagan è fuori di sé per l'atteggiamento del governo italiano ed ordina ai suoi collaboratori di chiamare i politici italiani. A turno vengono chiamati Andreotti, Spadolini, il ministro dell'interno Scalfaro ed il direttore del Sismi Fulvio Martini. Secondo Craxi gli americani chiedono una cosa estremamente anomala, contro il diritto internazionale, forse la solita bravata americana, per forza d'abitudine soprattutto nei confronti di alcuni paesi considerati 'Banana Republic'.

Gli americani non sono contenti, così giocano il tutto per tutto e Reagan telefona a Craxi e gli chiede di consegnarli sia i dirottatori che i negoziatori. Sono le tre di notte di venerdì 11 ottobre e a fare l'interprete è Michael Ledeen, una talpa americana, consulente di Reagan che ha anche lavorato per il Sismi, che Craxi detesta.

Craxi contro Reagan

Reagan dice a Craxi che sta per mandargli l'ordine di cattura. "Ti prego di tenerli in galera fino a che ti mando l'ordine," Reagan comunica.

Craxi era già prevenuto nei confronti di Ledeen, lo considera un manipolatore perché anni prima ha saputo che spesso traduceva liberamente per conto proprio.

Craxi ribadisce che i reati sono stati commessi in territorio Italiano e quindi se ne occuperà l'Italia. La telefonata resterà una telefonata storica dove per la prima volta l'Italia dice no agli Stati Uniti. L'Italia non consegnerà i quattro terroristi agli americani perché li metterà in prigione e li processerà secondo le leggi italiane. A questo punto Reagan accetta la decisione di Craxi e Sigonella riceve la telefonata. Michael Ledeen è amareggiato e suggerisce a Reagan di richiamare l'ambasciatore americano a Roma, ma Reagan non la considera una buona idea.

Squilla il telefono a Sigonella e lo scontro fra i militari americani e gli italiano prende una svolta—sono le quattro del mattino di venerdì 11 ottobre.

Gli americani sono amareggiati, ma non hanno scelta. La Delta Force si ritira e lascia la base di Sigonella, ma il generale Steiner rimane per assicurarsi che i terroristi vengano effettivamente arrestati dagli italiani. Due ore dopo i dirottatori scendono dall'aereo e vengono presi in consegna dai carabinieri, però a bordo è rimasto Abbas, l'uomo chiave, secondo gli americani. Abbas non vuole scendere dall'aereo e chiede con insistenza di poter ripartire.

Da palazzo Chigi il consigliere diplomatico di Craxi, Antonio Badini, tenta di mettersi in contatto con Abbas per convincerlo a restare come ospite testimone. Abbas dice di no: "Io non parlo con nessuno, ho partecipato a questa operazione per salvare 400 persone sulla nave Achille Lauro e invece di ringraziarmi, state ascoltando una storia montata dagli americani. L'amministrazione americana ha violato la sovranità del territorio italiano." Insomma, Abbas non molla e dal Cairo il governo egiziano ribadisce che Abbas parlerà soltanto di fronte ad un diplomatico italiano, non ad un magistrato e solo a bordo dell'aereo; in nessun caso potrà essere arrestato.

Nel frattempo l'Achille Lauro è a porto Said in Egitto e non sarà autorizzata a partire fino a quando Abbas non avrà lasciato Sigonella. A Sigonella il generale Steiner non si dà per vinto, apparentemente ha altri uomini nascosti e vuole salire sull'aereo egiziano.

Alle 16:30 a bordo del Boeing egiziano Abbas incontra Badini, che è arrivato da Roma. Abbas ribadisce di essere estraneo al dirottamento dell'Achille Lauro e di voler lasciare l'Italia senza compromessi.

Rotta a Ciampino

Poco dopo, da palazzo Chigi Craxi decide che il Boeing egiziano deve lasciare Sigonella per Roma, diretto all'aeroporto di Ciampino dove sarà più facile chiarire tutto. Gli egiziani accettano, ma vogliono la scorta. Quattro caccia militari italiani scortano il Boeing, ma l'aereo americano di Steiner gli segue, anche se non gli è stato concesso il nulla osta per il decollo; secondo la torre di controllo il C141 ha usato una pista laterale non autorizzata; un'ennesima bravata americana.

Durante il volo dei caccia italiani e di due caccia americani che si sono affiancati in volo, si sentono parole poco pulite, si scambiano parolacce, allusioni a tendenze sessuali poco convenzionali ed elogi sui familiari dei piloti.

Alle 23:10 di venerdì 11 ottobre il Boeing egiziano atterra a Ciampino. L'aereo di Steiner non molla e vuole atterrare per seguire l'aereo egiziano; gli viene vietato il permesso, ma dichiara uno stato di emergenza per mancanza di carburante. Un'altra bravata americana, ancora senza precedenti. L'aereo di Steiner atterra poco lontano dal Boeing egiziano.

Poche ore dopo a palazzo Chigi arriva la richiesta ufficiale da parte americana di arresto e di estradizione di Abu Abbas. Il governo italiano passa la richiesta americana al ministro di grazia e giustizia Mino Martinazzoli che a sua volta risponde in maniera ufficiale alle ore 13:00 di sabato 12 ottobre. Il ministro dice no perché ritiene che la richiesta di arresto non contiene sostanziali elementi secondi i criteri che la legge italiana fissa per l'acquisizione delle prove e per il giudizio sulla loro evidenza.

A questo punta l'attenzione si punta su Abbas; si deve fare di tutto affinché non venga nuovamente intercettato dagli americani, poiché' l'Achille Lauro è ancora bloccata in Egitto.

Si decide di chiamare il governo della Jugoslavia a Belgrado. Dopo un'oretta di attesa. l'ambasciata italiana a Belgrado accetta di ospitare Abbas.

Alle 18:30 in gran segreto il Boeing decolla da Ciampino e pochi minuti dopo atterra a Fiumicino, qui è protetto dai servizi segreti italiani. L'aereo di Steiner non riceve carburante e non può decollare. Abu Abbas si imbarca su un aereo di linea Jugoslavo alle 18:45 alla volta di Belgrado.

Nel giugno 1986 il tribunale di Genova condannerà Abu Abbas all'ergastolo in contumacia come mandante del dirottamento dell'Achille lauro e dell'omicidio del turista americano Leon Klinghoffer, ma la condanna arriverà soltanto nove mesi dopo il sequestro dell'Achille Lauro.

Sul piano politico i rapporti tra Italia e Stati Uniti non sono mai stati così difficili. Il governo Italiano e sull'orlo di caduta, ma il 6 novembre 1985 Craxi riceve il voto di fiducia. Intanto la diplomazia è già al lavoro per mettere una pezza ai rapporti tra Roma e la casa bianca. Craxi riceve una telefonata dal vice segretario di stato statunitense che dice di avere una lettera da Reagan. "Mi ha indirizzato per nome," dirà Craxi durante un'intervista. "Caro Bettino, dai non fare così, vieni qua, siamo amici." A dispetto delle divergenze, scrive Reagan, l'amicizia tra i nostri paesi e l'impegno di combattere il terrorismo non sono in discussione. L'epilogo della vicenda Achille Lauro arriverà però dalle aule del tribunale di Genova il primo luglio 1986 con la condanna all'ergastolo di Abu Abbas e di due dei quattro terroristi come esecutori materiali dell'omicidio di Leon Klinghoffer, che verranno condannati a 30 anni di reclusione. Il quarto terrorista, un minorenne, viene condannato a 17 anni di prigione. Il 23 maggio 1987 la corte d'assise di appello di Genova conferma tutte le condanne. Nove anni più tardi l'assassino di Leon Klinghoffer non rientra in carcere dopo un permesso premio, ma viene arrestato in Spagna ed estradato nuovamente in Italia il 15 aprile 2003. Le forze speciali americane arrestano in Iraq Abu Abbas. che viveva in una villa a Baghdad protetto da Saddam Hussein Il 9 marzo 2004

Abu Abbas muore in un carcere americano alle porte di Baghdad; fonti militari americane affermano che è deceduto a seguito di un attacco cardiaco.

Dallo Stesso Autore
Alcuni titoli in Italiano e Inglese

Miniature Life
Signorina
Giallo
Manstat
Faceless
Bonbon
Arms Around You
The Ducati Girl
Terror in Atlanta
Let's Get into The Weird
Sorry but I Must Kill You
The Ducati Girl's Confessions
The Pillow Book of Carmen Garcia
Supercitizens
The First Party
The Ducati Girl – Family Affair
War of the Currents
The Ducati Girl, Darwin, and the Pig of Nebraska
M–Could You Be on Another Dimension?
Gramsci
The Ducati Girl: Toxic Connection
Sulla Pelle dei Poveri
Affari di Famiglia
Il Banchetto

Biografia

Multiple genres author Alfonso Borello has written drama, thrillers, travel diaries, biographies and essays on history, religion, philosophy, psychology, evolution, cosmos, revolutionaries, inventors, and numerous books on language learning in Italian, Spanish, Chinese, Tagalog, Cebuano, and Thai.

28203169R00052

Printed in Poland
by Amazon Fulfillment
Poland Sp. z o.o., Wrocław